MUST READ ANALISI DEL LIBRO

AF156550

Cent'anni
di solitudine

· · · · · · · · · · · · · · · ·

GABRIEL GARCÍA MÁRQUEZ

ANALISI DEL LIBRO

Scritto da Marie Bouhon
Tradotto da Sara Rossi

Cent'anni di solitudine

GABRIEL GARCÍA MÁRQUEZ

La conoscenza a portata di mano!

MUST READ

www.50minutes.com

Ripassate i vostri argomenti preferiti
con i nostri titoli pratici

GABRIEL GARCÍA MÁRQUEZ

SCRITTORE E GIORNALISTA COLOMBIANO

- **Nato ad Aracataca (Colombia) nel 1927**
- **Morto a Città del Messico nel 2014**
- **Opere degne di nota:**
  - *La tempesta di foglie* (1955), romanzo
  - *Cronaca di una morte annunciata* (1981), romanzo
  - *L'amore ai tempi del colera* (1985)

Considerato dal quotidiano francese *Le Monde* "uno dei più grandi scrittori del XX secolo", Gabriel García Márquez ha portato alla ribalta internazionale la letteratura latinoamericana e, in particolare, autori del "boom latinoamericano", come Jorge Luis Borges (argentino, 1899-1986), Julio Córtazar (argentino, 1914-1984) e Mario Vargas Llosa (peruviano, nato nel 1936).

Sebbene non abbia dato vita al genere del realismo magico, il suo romanzo *Cent'anni di solitudine* ne è uno degli esempi più significativi. Temi come la solitudine, la morte, la violenza e il potere sono onnipresenti nell'opera di questo talentuoso scrittore, che ha vinto il Premio Nobel per la letteratura nel 1982.

CENT'ANNI DI SOLITUDINE

UN'OPERA IMPORTANTE SUL PAESAGGIO LATINOAMERICANO

- **Genere:** realismo magico
- **Edizione di riferimento**: García Márquez, G. (2000) *Cent'anni di solitudine*. Trans. Rabassa, G. London: Penguin
- **Prima edizione:** 1967
- **Temi:** solitudine, tempo, morte, famiglia, violenza, disgrazia, generazioni

Pubblicato per la prima volta in Argentina nel 1967, *Cent'anni di solitudine* è considerato dal poeta cileno Pablo Neruda (1904-1973) "la più grande rivelazione della lingua spagnola dopo il *Don Chisciotte* [romanzo scritto da Miguel de Cervantes nel XVIII secolo]". Il romanzo fu scritto in assoluta povertà e indigenza – lo scrittore dovette vendere alcuni dei suoi averi per poter inviare il manoscritto a un editore – eppure ebbe un tale successo da portare Gabriel García Márquez alla fama internazionale. Tradotto in quasi 35 lingue, ha venduto più di 30 milioni di copie ed è stato premiato con il *Prix du Meilleure Livre Étranger* francese nel 1969 e con il premio Rómulo Gallegos venezuelano nel 1972.

Attraverso temi come la solitudine e l'oblio, il romanzo racconta due storie: quella di una famiglia nell'arco di sette generazioni e quella del villaggio da loro fondato, dalla sua costruzione alla sua caduta.

SINTESI

UN ALBERO GENEALOGICO COMPLESSO

José Arcadio Buendia e Ursula Iguarán sono una coppia emblematica, alla base delle sei generazioni Buendia e del villaggio di Macondo. Nonostante il timore che, secondo la leggenda, una coppia incestuosa partorisca un figlio con la coda di maiale, i due cugini decidono di mettere su famiglia. Quando nascono i loro figli, sono sollevati nel vedere che né José Arcadio, né Aureliano, né Amaranta sono deformi. La loro famiglia continua a crescere quando adottano Rebecca, un'orfana indiana, e Arcadio, il figlio di José Arcadio e Pilar Ternera. Decidono di crescerli come se fossero i loro figli: Arcadio non scopre mai che le persone che lo hanno cresciuto sono in realtà i suoi nonni.

Poi la seconda generazione vola sul nido: Aureliano ha un figlio con Pilar, che viene chiamato Aureliano José, ma ne ha anche altri diciassette durante la guerra, tutti da madri diverse e tutti con il suo nome. José Arcadio, appena tornato da un viaggio con un gruppo di viaggiatori, si innamora della sorella adottiva Rebecca e decide di sposarla. Amaranta, invece, rimane zitella, anche se ha un rapporto speciale con il nipote Aureliano José.

Nella terza generazione, sebbene Arcadio sia l'unico ad avere figli (Remedios, José Arcadio II e Aureliano II), non li cresce, poiché muore quando sono ancora molto piccoli. Aureliano II è anche l'unico ad avere figli: Amaranta Ursula, José Arcadio e Renata Remedios. Renata, la più giovane, ha rapporti intimi con Mauricio Babilonia quando non sono sposati e viene quindi mandata in convento dove dà alla luce il loro figlio, Aureliano Babilonia.

La paternità di questo bambino viene tenuta segreta ed è quindi inconsapevolmente che si innamora di sua zia, Amaranta Ursula. Da questa relazione incestuosa nasce Aureliano, l'ultimo dei Buendias, maledetto dalla coda di maiale, proprio come previsto dalla leggenda. La madre muore di parto e il padre, sopraffatto dal dolore, si dimentica del bambino, causandone la morte. Aureliano Babilonia si isola completamente dal mondo esterno e si mette al lavoro per tradurre i manoscritti del viaggiatore Melquíades.

LA STORIA DI UN VILLAGGIO

In seguito a un combattimento in cui José Arcadio Buendia uccide il suo nemico Prudencio Aguilar, decide di lasciare il suo villaggio, poiché è perseguitato dal fantasma della sua vittima. Con il pretesto di una spedizione per trovare l'oceano e costruirvi una nuova città, parte con diverse altre famiglie. Dopo mesi di ricerche vane, si stabiliscono in un luogo che diventerà il villaggio di Macondo.

Inizialmente, questo piccolo villaggio è autosufficiente, completamente isolato dal mondo esterno, ma a poco a poco cominciano ad arrivare viaggiatori che portano le invenzioni più recenti – in particolare specchi e tappeti volanti – e le notizie del paese. Inizia così l'espansione di Macondo, la cui prima tappa è l'arrivo della prima famiglia straniera, i Moscote. Don Apolinar Moscote vuole gestire la cittadina in accordo con il governo conservatore e scatena i primi conflitti politici: gli abitanti si dividono in due gruppi, liberali e conservatori. Aureliano Buendia guida poi una ribellione che causerà una guerra civile in cui entrambe le fazioni si oppongono in tutto il Paese.

Macondo, grazie allo sviluppo del commercio, delle piccole imprese e dei mezzi di comunicazione, diventa un'importante città moderna della regione. Tuttavia, iniziano a manifestarsi i primi segni di declino. Innanzitutto, in seguito a uno sciopero in una piantagione di banane, tutti i lavoratori vengono uccisi dall'esercito nazionale. Poi ci sono le piogge torrenziali che flagellano Macondo per quasi cinque anni, isolandola nuovamente dal resto del mondo e causando l'esilio di molti abitanti. La città, come la famiglia Buendia, cade gradualmente nell'oblio e nella solitudine. Venti intensi distruggono gli ultimi segni di vita del villaggio, senza lasciare nulla dietro di sé.

LA SFORTUNA DELLA FAMIGLIA BUENDIA

Melquíades, capo di un gruppo di viaggiatori, si reca a Macondo ogni primavera, prima del periodo di espansione del villaggio. All'inizio, José Arcadio Buendia fa amicizia con quest'uomo misterioso che gli porta centinaia di cose miracolose. Dopo la sua morte e resurrezione, Melquíades viene accolto dai Buendia e inizia a scrivere manoscritti che nessuno riesce a decifrare. È questa, infatti, l'iscrizione della maledizione che condanna la famiglia a cento anni di solitudine, oblio e crollo.

I primi segni di questa maledizione compaiono subito dopo l'arrivo di Rebecca a Macondo. Si tratta della piaga dell'insonnia e della piaga dell'oblio. Da quel momento in poi, gli abitanti colpiti da questi mali non dormono più e dimenticano tutto, anche il loro passato e i nomi di semplici oggetti. Ma una pozione fornita da Melquíades cura queste malattie. Purtroppo, la soluzione è solo temporanea e la condanna assumerà forme più radicali con il passare del tempo: la solitudine e l'isolamento della famiglia Buendia, che nessuno ricorda; le piogge torrenziali e i venti che distruggono Macondo. Solo Aureliano Babilonia, l'ultimo sopravvissuto della sua famiglia, riesce a decifrare questi manoscritti. Tuttavia, mentre legge, si rende conto che non può smettere di leggere perché, quando finirà le ultime righe, sia il villaggio che lui stesso saranno distrutti.

STUDIO DEL CARATTERE

Il romanzo racconta la storia di un'intera famiglia e di un villaggio attraverso diverse generazioni. Ci sono facilmente più di 30 personaggi, quindi la selezione che segue presenta solo i più importanti, quelli le cui azioni hanno una profonda influenza sulla trama.

JOSÉ ARCADIO BUENDIA

José Arcadio Buendia è l'istigatore di un viaggio che porta diverse famiglie a costruire il villaggio di Macondo. Propone questo viaggio per sfuggire al fantasma del suo nemico che ha ucciso, Prudencio Aguilar. La sua strategia funziona perché non vede il fantasma per diversi anni.

José Arcadio Buendia è un capo che mantiene l'ordine nel villaggio grazie alla sua naturale autorità e al suo senso di correttezza. Ha una natura curiosa e attende sempre con ansia l'arrivo dei viaggiatori, che portano cose miracolose. Poiché anche lui desidera capire come funzionano gli oggetti moderni e i vari fenomeni, fa molti esperimenti e si intrattiene nel suo laboratorio, smontando varie cose. Introduce anche il figlio Aureliano all'alchimia.

A poco a poco, a causa del ritorno del fantasma di Prudencio, impazzisce e perde il contatto con la realtà. La sua famiglia lo lega al tronco di un castagno, con il quale il suo corpo diventa un tutt'uno. In completa armonia con la natura, parla con il suo vecchio nemico. Pochi giorni prima della morte, la moglie lo riporta nella sua camera da letto, affinché possa morire con dignità.

URSULA IGUARÁN

Ursula Iguarán, insieme al cugino José Arcadio Buendia, costituisce la metà della coppia fondatrice di Macondo. È molto superstiziosa e teme che i suoi figli nascano deformati da una coda di maiale o somiglianti a iguane a causa della sua relazione incestuosa. Nonostante ciò, è all'origine di una famiglia di sette generazioni e conosce quasi tutti i suoi discendenti. Vive per oltre 100 anni e risulta essere il vero capofamiglia. Inoltre, si occupa della casa, alleva i figli e i nipoti e mantiene l'ordine nel villaggio quando il marito è impegnato con le sue invenzioni.

Per soddisfare le esigenze della sua famiglia, gestisce un'attività di panificazione di successo, che permette ai Buendias di vivere nel comfort moderno. Nel tempo libero è anche una guaritrice e cura i vari malesseri e le malattie con pozioni a base di piante, che prepara per l'occasione.

MELQUÍADES

Melquíades è a capo di un gruppo di viaggiatori che visitano regolarmente Macondo. Molto presto instaura una stretta amicizia con José Arcadio Buendia. Poiché condividono la stessa curiosità per le cose del mondo, entrambi intraprendono molti esperimenti, tra cui la creazione di oro da altri metalli o la fotografia di Dio con il dagherrotipo; purtroppo tutti falliscono.

Un giorno, la famiglia Buendia si accorge che Melquíades, purtroppo, non è con gli altri viaggiatori che arrivano per la primavera. È infatti morto di febbre nei mari dell'Asia. Qualche anno dopo, però, torna in vita e bussa alla porta del suo amico, che lo accoglie a braccia aperte, senza fare domande. I due continuano i loro esperimenti, ma a poco a poco Melquíades si isola e inizia a scarabocchiare su vecchie pergamene. Alla sua seconda morte, molte persone cercano invano di decifrare i suoi scritti, ma solo Aureliano Babilonia alla fine ci riesce.

JOSÉ ARCADIO

José Arcadio è il figlio maggiore di José Arcadio Buendia e Ursula Iguarán. È un bambino tranquillo e non è particolarmente interessato agli esperimenti del padre. Durante l'adolescenza si innamora di Pilar Ternera, la cameriera. Dopo ogni notte trascorsa con lei, racconta tutto al fratello Aureliano, che li avvicina. Un giorno di primavera, Pilar annuncia di essere incinta. Il futuro padre, spaventato, la lascia per distrarsi con i viaggiatori. Incontra poi una ragazza di cui si innamora e lascia il villaggio con il gruppo di nomadi.

Anni dopo, quando torna, ha tatuaggi, è muscoloso, ha dimenticato le buone maniere e ha un carattere forte. Incontra di nuovo Rebecca, la sua sorella adottiva, che è diventata molto più bella. I due si isolano dalla famiglia per intraprendere una relazione sentimentale senza doversi nascondere, nonostante la madre glielo proibisca. Una volta trasferitosi in una piccola casa con la moglie, José Arcadio si appropria dei terreni vicini e inizia a riscuotere le tasse. Si avvicina anche ad Arcadio, il figlio avuto con Pilar, senza mai ammettere il loro legame di parentela.

AURELIANO BUENDIA, O IL COLONNELLO

Aureliano è il secondo figlio della coppia fondatrice del villaggio di Macondo. È un personaggio mistico che si rivela essere un profeta. Infatti, fin dalla nascita, è molto acuto e predice con grande certezza diversi eventi, come la caduta di una pentola o l'arrivo di uno sconosciuto. In seguito, annuncia persino la data della morte del padre e sventa diversi complotti grazie alle sue premonizioni. Si interessa anche agli esperimenti del padre e diventa uno specialista nella produzione di piccoli pesci d'oro, che distribuisce a tutti.

Non essendo mai stato innamorato, si innamora della giovane Remedios Moscote, che all'epoca ha solo nove anni. Alla fine convince i genitori di lui e di lei ad accettare il matrimonio, che avviene quando Remedios raggiunge la pubertà. Purtroppo, la ragazza muore durante il parto, insieme al bambino.

Aureliano è inconsolabile di fronte a questa perdita. Poco tempo dopo, il suocero lo introduce alla politica. Dopo aver scoperto la natura fraudolenta del voto, si unisce ai liberali e guida una ribellione. Dimostra il suo valore in guerra guidando un gruppo di ribelli e vincendo diverse battaglie, e viene nominato colonnello. È determinato e rifiuta di arrendersi in molte occasioni, anche quando ogni speranza sembra perduta. Alla fine, però, firma un trattato di pace con il governo conservatore e tenta di suicidarsi, ma non ci riesce. Si isola dal villaggio e passa il resto dei suoi giorni nel suo laboratorio, da solo, a lavorare piccoli pesci.

GLI UOMINI DELLA FAMIGLIA BUENDIA

Tra gli uomini della famiglia Buendia, possiamo individuare due tipi di carattere: quelli che sono come José Arcadio e quelli che sono più simili al carattere di Aureliano.

Il primo tipo ha un carattere impulsivo e una struttura solida, mentre il secondo tipo è piuttosto tranquillo e antisociale. I loro nomi di battesimo danno un'idea del loro carattere: quelli che appartengono al primo gruppo hanno nomi derivati da quello di José Arcadio (Arcadio, José Arcadio II, José Arcadio), mentre i nomi degli altri derivano da quello di Aureliano (Aureliano José, Aureliano II, Aureliano Babilonia).

ANALISI

REALISMO MAGICO

Cent'anni di solitudine è un romanzo appartenente al genere del realismo magico. Sebbene il termine sia apparso per la prima volta nel 1925 in un saggio di Franz Roh (storico, fotografo e critico d'arte tedesco, 1890-1965), descrivendo opere d'arte espressioniste, questo genere si è diffuso ufficialmente nella letteratura latinoamericana durante gli anni Quaranta. I principali autori che lo utilizzarono, oltre a Gabriel García Márquez, furono Jorge Luis Borges, Miguel Ángel Asturias (guatemalteco, 1899-1974), Alejo Carpentier (francese, 1904-1980) e Juan Rolfo (messicano, 1917-1986). *Cent'anni di solitudine* non è certo l'istigatore di questo movimento, ma è l'esempio più citato del genere ed è grazie a quest'opera che la tendenza si è diffusa a livello mondiale.

Come suggerisce il nome, il realismo magico mescola un elemento di realismo con una dimensione soprannaturale. In questo modo, l'ambientazione della storia è completamente credibile: i luoghi possono essere collegati a luoghi esistenti e gli eventi descritti potrebbero essere realmente accaduti. Alcuni elementi, tuttavia, provengono dal regno dell'immaginario, della magia e della fantasia.

Il romanzo di García Márquez mescola queste due dimensioni in modo molto efficace. Da un lato, la storia si svolge in un piccolo villaggio isolato, che ricorda fortemente Aracataca, città natale dello scrittore. Il pervasivo conflitto armato tra liberali e conservatori, in realtà, ricorda la Guerra dei Mille Giorni, una guerra civile che ebbe luogo in Colombia tra il 17 ottobre 1899 e il 21 novembre 1902. Lo sciopero dei lavoratori della piantagione di banane e il massacro che ne segue sono un riferimento diretto alla rivolta, nel novembre 1928, dei lavoratori della United Fruit Company. Oltre ai diversi elementi che definiscono la credibile cornice spazio-temporale del racconto, anche le invenzioni che lo scrittore cita sono contemporanee: il telegrafo, il dagherrotipo, il treno e così via.

D'altra parte, l'opera è costellata di elementi soprannaturali come la levitazione del prete del villaggio quando beve la cioccolata calda, la trasformazione di un viaggiatore in una pozza di catrame, il tappeto volante, la pioggia di fiori alla morte di José Arcadio Buendia o la presenza di fantasmi. Vale la pena notare che questi elementi, pur non esistendo nella nostra realtà, sono presenti nella realtà del racconto, motivo per cui non sconvolgono particolarmente il narratore o i vari personaggi. Questo romanzo ci mostra quindi un mondo in cui realtà e magia coesistono naturalmente.

TEMPO CICLICO

La temporalità di questo romanzo è insolita e si può forse definire ciclica. Infatti, gli eventi si ripetono spesso, così come i nomi e le caratteristiche dei vari personaggi, in modo tale che il lettore ha l'impressione che la storia non progredisca mai, come se fosse bloccata in un loop senza fine. L'esempio più significativo è la presenza dell'incesto nelle relazioni tra i membri della famiglia Buendia, che si ripete di generazione in generazione: inizia con José Arcadio Buendia e Ursula

Iguarán, i due cugini, prosegue con Amaranta e Arcadio, il nipote, e si conclude con la relazione tra Aureliano Babilonia e Amaranta Ursula, la zia.

Inoltre, ogni colpo di scena del romanzo è, in realtà, parte integrante dei manoscritti di Melquíades, che il lettore scopre solo alla fine del romanzo. Tutto era scritto, predeterminato e inevitabile. Questa doppia dimensione della storia, attraverso il manoscritto letto da Aureliano Babilonia, è di fatto una "mise en abyme".

 BUONO A SAPERSI

La "mise en abyme" è un processo che consiste nel presentare un elemento all'interno di un altro elemento dello stesso tipo. La troviamo spesso nei dipinti quando, ad esempio, i soggetti di un quadro appaiono anche sullo sfondo, in uno specchio, come ne *Il ritratto di Arnolfini* (1434) di Jan Van Eyck (pittore fiammingo, 1390-1441 circa). In letteratura, si manifesta attraverso la presenza di una sottotrama che assomiglia alla trama principale, ad esempio quando un personaggio legge un libro che racconta esattamente la storia dell'opera che il lettore reale sta leggendo. Questo processo è utilizzato in particolare nel *Don Chisciotte* (1605 e poi 1615) di Miguel de Cervantes (scrittore spagnolo, 1547-1616), ne *La storia infinita* (1979) di Michael Ende (scrittore tedesco, 1929-1995) o anche ne *La verità sul caso Harry Quebert* (2012) di Joël Dicker (scrittore svizzero, nato nel 1985).

IL TEMA DELLA SOLITUDINE

La solitudine è presente in tutto il romanzo e si manifesta in alcuni personaggi, nell'ubicazione del villaggio o anche attraverso la morte. Oltre al titolo del libro, i 100 anni di solitudine corrispondono alla maledizione della famiglia Buendia: queste persone, condannate a una vita di solitudine, creano un villaggio totalmente isolato dal mondo. Nonostante i progressi tecnologici (strade, telegrafo e così via), Macondo rimane un porto di scalo piuttosto scomodo. Solo con l'avvento del treno la cittadina diventa davvero accessibile al resto del Paese, ma questo non sarà vantaggioso: si susseguono eventi terribili, dal massacro degli operai alle piogge e ai venti torrenziali che distruggono la piccola città.

Inoltre, la maggior parte dei personaggi incarna una forma di solitudine: José Arcadio Buendia, il fondatore, intrappolato nel suo delirio, è legato a un albero, dove vive da solo, lontano dal mondo e dalla realtà; Ursula è intrappolata nella sua casa, mentre diventa cieca; il colonnello Aureliano è solo nel suo laboratorio a fabbricare pesciolini d'oro; Amaranta rifiuta tutte le proposte romantiche che riceve; Rebecca, alla morte di José Arcadio, si isola e non vede più nessuno, tranne un servitore; Aureliano Babilonia rimane a Macondo dove tutti lo hanno dimenticato e dove finisce di decifrare i manoscritti da solo in una piccola stanza.

Il senso di solitudine si acuisce alla fine del romanzo, attraverso l'oblio che tutti gli abitanti di Macondo sperimentano durante la peste dell'oblio, poi attraverso quello del paese che non ricorda più l'esistenza del villaggio e, infine, attraverso l'esperienza dei Buendias quando, nonostante gli inviti, nessuno viene alle loro feste. Questo provoca l'isolamento non solo del paese di fronte al resto del mondo, ma anche dei personaggi tra di loro e di alcuni protagonisti nei confronti della realtà.

ULTERIORI RIFLESSIONI

ALCUNE DOMANDE SU CUI RIFLETTERE...

- Cosa giustifica la collocazione di *Cent'anni di solitudine* nel genere del realismo magico? Utilizzate cinque esempi tratti dal romanzo.

- I personaggi del libro hanno paura di avere figli nati con la coda di maiale. Perché hanno questa paura? Secondo voi, quali elementi hanno portato alla nascita dell'ultimo Buendía con questa caratteristica?

- Spiegate il titolo del libro, traendo esempi dal testo.

- Secondo voi, in che modo la dimensione magica presente nel libro non appare soprannaturale? Spiegate la vostra risposta con esempi tratti dal libro.

- Spiegate e fornite esempi di entrambi i declini che vediamo in *Cent'anni di solitudine*: quello della famiglia e quello del villaggio.

- Quali elementi conferiscono alla storia la sua ciclicità?

- Chi sono, secondo voi, i personaggi più importanti del romanzo? Spiegate la vostra risposta.

- Commentate il seguente estratto:

> *"Non c'era mistero nel cuore di una Buendía che fosse impenetrabile per lei, perché un secolo di carte e di esperienza le avevano insegnato che la storia della famiglia era una macchina dalle ripetizioni inevitabili, una ruota che girava e che avrebbe continuato a girare nell'eternità se non fosse stato per il progressivo e irrimediabile logorio dell'asse"* (p. 288).

- Sebbene il libro sia acclamato a livello internazionale, non è mai stato adattato per il cinema. Quale pensate possa essere il motivo?

- Confrontate *Cent'anni di solitudine* con il romanzo *Pedro Paramo* (1955) di Juan Rolfo, anch'esso appartenente al genere del realismo magico. Quali sono le somiglianze e le differenze?

ULTERIORI LETTURE

EDIZIONE DI RIFERIMENTO

García Márquez, G. (2000) *Cent'anni di solitudine*. Trans. Rabassa, G. Londra: Penguin.

STUDI DI RIFERIMENTO

Chao, R., Delcas, M. e Noiville, F. (2014) Mort de Gabriel García Márquez, légende de la littérature. *Le Monde*. [Online]. [Accessed 20 November 2015]. Disponibile da: < http://www.lemonde.fr/disparitions/article/2014/04/17/l-ecrivain-gabriel-garcia-marquez-est-mort_4401388_3382.html>

Fauchier, J. (2006) L'amnésie chez G. García Márquez. Dalla disparità fisica dei popoli alla disparità del ricordo collettivo. *Babel: littératures plurielles*. Vol. 13, p. 121-139.

Martin G. (2009) *Gabriel García Marquez: une vie*. Parigi: Grasset.

Ordine N. (2012) *Les portraits de Gabriel García Márquez: la répétition et la différence*. Parigi: Belles Lettres.

Vogliamo sapere da voi!
Lasciate un commento sulla vostra biblioteca online
e condividete i vostri libri preferiti sui social media!

MUST READ

Perché scegliere Must Read?

Scoprite tutto quello che c'è da sapere su un libro, con i nostri riassunti e le nostre analisi concise e approfondite!

Scoprite il meglio della letteratura sotto una luce completamente nuova!

MUST READ — ANALISI DEL LIBRO

Lo straniero

ALBERT CAMUS

MUST READ — ANALISI DEL LIBRO

Il Grande Gatsby

FRANCIS SCOTT FITZGERALD

MUST READ — ANALISI DEL LIBRO

Una bottiglia nel mare di Gaza

VALÉRIE ZENATTI

MUST READ — ANALISI DEL LIBRO

Vorrei che da qualche parte ci fosse qualcuno ad aspettarmi

ANNA GAVALDA

MUST READ — ANALISI DEL LIBRO

Il conte di Montecristo

ALEXANDRE DUMAS

MUST READ — ANALISI DEL LIBRO

Il profumo

PATRICK SÜSKIND

www.50minutes.com

Sebbene l'editore faccia ogni sforzo per verificare l'accuratezza delle informazioni pubblicate, 50minutes.com non si assume alcuna responsabilità per il contenuto di questo libro.

© 50minutes.com, 2023. Tutti i diritti riservati.

www.50minutes.com

Master ISBN: 9782808690249
ISBN cartaceo: 9782808611640
Deposito legale: D/2023/12603/1444

Copertura: © Primento

Concezione digitale a cura di Primento, il partner digitale degli editori.